BEI GRIN MACHT SICH IHR WISSEN BEZAHLT

- Wir veröffentlichen Ihre Hausarbeit,
  Bachelor- und Masterarbeit

- Ihr eigenes eBook und Buch -
  weltweit in allen wichtigen Shops

- Verdienen Sie an jedem Verkauf

Jetzt bei www.GRIN.com hochladen
und kostenlos publizieren

Das Helfersyndrom. Psycho-soziologische Auswirkungen und Präventionsmöglichkeiten im stationären Klinikalltag helfender Berufe

Lisa Schilling

Bibliografische Information der Deutschen Nationalbibliothek:

Die Deutsche Nationalbibliothek verzeichnet diese Publikation in der Deutschen Nationalbibliografie; detaillierte bibliografische Daten sind im Internet über http://dnb.d-nb.de abrufbar.

ISBN: 9783346461049
Dieses Buch ist auch als E-Book erhältlich.

© GRIN Publishing GmbH
Nymphenburger Straße 86
80636 München

Druck und Bindung: Books on Demand GmbH, Norderstedt Germany
Gedruckt auf säurefreiem Papier aus verantwortungsvollen Quellen

Das vorliegende Werk wurde sorgfältig erarbeitet. Dennoch übernehmen Autoren und Verlag für die Richtigkeit von Angaben, Hinweisen, Links und Ratschlägen sowie eventuelle Druckfehler keine Haftung.

Das Buch bei GRIN: https://www.grin.com/document/1041235

DIPLOMA HOCHSCHULE

Private Fachhochschule Nordhessen

Studiengang Medizinalfachberufe (B.A.)

Schwerpunkt: Pflegewissenschaft

Hausarbeit Modul BSoWi HA

Das Helfersyndrom:

Psycho-soziologische Auswirkungen und

Präventionsmöglichkeiten im stationären Klinikalltag helfender
Berufe

vorgelegt von: Name: Schilling, Lisa

Studienzentrum: virtuell

Bearbeitungszeit: 8 Wochen

Abgabe am: 06.07.2019

INHALTSVERZEICHNIS:

II Glossar

Burnout: wörtlich übersetzt „Ausbrennen"; seelischer Erschöpfungszustand

Disstress: nicht bewältigte Stresssituation

Eustress: erfolgreich bewältigte Stresssituation

Insomnie: Schlafstörung

Hypophyse: Hirnanhangsdrüse

Hypothalamus: Teil des Zwischenhirns; übergeordneten vegetativen Zentren koordinieren Regulationsvorgänge im Körper

Narzissmus: Störung des Selbstgefühls mit gestörter Konfliktbereitschaft

Nebennierenrinde: Die äußere Struktur der Nebennieren (Hormondrüsen)

psychosomatische Störungen: Den Körper und die Seele beeinflussende Störung

Resilienz: innere Widerstandkraft

somatoforme Störungen: Auftreten von vielseitig, wechselnden, körperliche Symptomen über eine Dauer von zwei Jahren.

Stressor: Stressfaktor

[2](Horn e Seth 2013) [6](Bach et al 2004)

1. Einleitung

Der demografische Wandel im Gesundheitswesen stellt besonders in den sozialen, helfenden Berufen ein aktuelles und zukünftiges, sozio- ökonomisches Problem dar. 2018 fehlten 11.000 Krankenpflegefachkräfte und 1.500 Krankenpflegehelfer [17](ZEIT ONLINE 2017). Laut einer Vorhersage des Statistischen Bundesamtes für 2060 wird sich die Gesamtbevölkerung im Vergleich zu heute um 20% reduzieren und parallel steigt die Lebenserwartung bei Männern um 7,2% und bei den Frauen um 5,6%. [15](Stat. Bundesamt 06/2019) [16](Stat. Bundesamt 04/2019) Die Gesellschaft von Heute wird geprägt durch ein hohes Streben nach Leistung und Anerkennung. Im selben Zug verändern und steigern sich die Erwartungen an die beruflichen Rollen. Das „Helfersyndrom", wie es von Wolfgang Schmidbauer formuliert wurde, nimmt sich diese erhöhte Erwartungshaltung an und die Person ist bestrebt, den Anforderungen mehr als gerecht zu werden. Speziell in den helfenden, sozialen Berufen wird durch die Professionalisierung und Akademisierung der soziale Druck erhöht und auf hohes wirtschaftliches Denken und Arbeiten geachtet. Diese ungünstigen Konstellationen führen zunehmend zu psychischen Störungen und Verhaltensstörungen.

Die Arbeit wird methodisch durch eine umfangreiche Literaturrecherche gestützt und geht der Frage nach, ob das Helfersyndrom durch gezielte Präventionsmaßnahmen behandelbar ist und somit schwerwiegende Auswirkungen vermieden werden können. Als Erstes wird in der Ausarbeitung das Phänomen Helfersyndrom beschrieben. Als Zweites wird auf die psychosoziologischen Auswirkungen eingegangen. Danach werden im dritten Teil Präventionsmöglichkeiten im stationären Klinikalltag helfender Berufe erläutert. Zu den helfenden Berufen zählen in dieser Arbeit: Ärzte, Pflegefachkräfte und Therapeuten. Die Schlussfolgerung nimmt Bezug auf die Fragestellung und rundet die Ausarbeitung in Form einer Zusammenfassung ab.

2. Das Helfersyndrom

Im Jahre 1977 wurde dem Psychoanalytiker Wolfgang Schmidbauer in einer gruppendynamischen Untersuchung von Leitungskräften sozialer Berufe bewusst, dass sich bei Einigen das Helfen in Form eines Abwehrmechanismus zeigt, indem die eigenen Gefühle und Bedürfnisse zurückgestellt werden um nach außen das Ansehen beizubehalten. Die gesteigerte innere Motivation Anderen fürsorglich und hilfsbereit zu begegnen und der damit verbundene unterschwellige Wunsch nach Anerkennung und Wertschätzung sind in der Persönlichkeit verankert. „In allen sozialen Berufen ist die eigene Persönlichkeit das wichtigste Instrument; die Grenzen ihrer Belastbarkeit und Flexibilität sind zugleich die Grenzen unseres Handelns." Das Handeln einer Person wird von ihren kindlichen Erfahrungen und den gelehrten ethischen Normen und Werten geprägt. Schmidbauer beschreibt fünf Komponenten, welche die Persönlichkeitsstruktur beeinflussen.

Als Erstes betrachtet er die entwicklungspsychologische Bedeutung des „abgelehnten Kindes". Die Verdrängung des kindlichen Ich findet durch Bewältigungsprozesse ungünstiger Erlebnisse statt. Situationen, in denen sich Schwäche und Bedürftigkeit aufzeigt, korrelieren mit der Erwartung Stärke und emotionale Stabilität zu wahren. Diese Selbsterwartungshaltung wird einerseits von der Vernachlässigung, Überforderung oder dem Desinteresse der elterlichen Bezugsperson getriggert. Andererseits kann es durch überfürsorgliches Verhalten geprägt sein, voran sich das Kind identifiziert.

Die zweite Komponente nach Schmidbauer beschreibt diese Identifizierung mit dem Über- Ich und dem Ich- Ideal. Identifizierung gleicht dem Austausch und der Kommunikation von Widersprüchlichkeiten, inneren Wünschen und Empfindun-gen. Das Über- Ich vertritt hierbei die unbewussten und bewussten Moralvorstel-lungen, diese dem Kind in der Erziehung verinnerlicht werden. Die Moral prägt jeden Menschen in seinen Verhalten und seinen Entscheidungen. Selbstkritik und Schuldgefühle überfahren den Helfer mit Helfersyndrom wenn er die zur Ver-fügung stehende Hilfe geleistet hat, jedoch mit sich im Unreinen ist, da der Um-fang der Hilfe nicht den Moralvorstellungen entspricht, welchen er nachstrebt.

Auf diese Moralvorstellungen baut sich das Ich- Ideal auf, welches die absolute, innere Zufriedenheit wiederspiegelt. Wird die Leistungsgrenze, auf dem das Ich-Ideal steht, in Frage gestellt, entwickeln sich Gefühle wie Scham oder Versagensangst. Schmidbauer betont die Kenntnis der eigenen Belastungsgrenzen zur Erhöhung der Leistungseffizienz und zur Vorbeugung von selbstüberschätzenden Verhalten und deren Folgen. „Die manische Abwehr" nimmt Bezug auf dieses selbstüberschätzende Verhalten. Die Manie wird hier als seelische Unantastbarkeit gesehen und macht sich durch Überspielen der eigenen Schwächen mit übertriebenen zuversichtlichen Verhalten bemerkbar. Die gesetzten Idealbilder werden zu Traumidealen und stellen unbewusste Erwartungen an diesen Traum auf. Einerseits befreit es den Betroffenen von den unangenehmen Bedingungen und Empfindungen. Andererseits wird das Erfüllen der Idealtraumbedingungen durch das manische Verhalten erschwert, da das Streben nach Perfektion, Liebe und Anerkennung sehr schnell durch Ängste und Kränkungen kippen kann.

Die dritte Komponente ist: „Die unersättliche narzisstische Bedürftigkeit". Die Unersättlichkeit verlangt durch die perfektionistischen Züge bestmögliche Ergebnisse und dementsprechend gleichwertige Erwartungen an die Schützlinge ab. Diese Erwartungen werden in den meisten Fällen nicht erwidert und schaffen negative Gefühle. Der Helfende neigt dazu es als persönliche Kritik oder Demütigung aufzufassen. Die Kontrolle abzugeben und zu evaluieren, inwieweit überhaupt Hilfe erwünscht und erforderlich ist, macht die Qualität aus. Ist ein Ziel erstmal ins Auge gefasst, wird alles gegeben um dieses zu erreichen, auch wenn es viel mehr abverlangt.

Die vierte Komponente ist: „Die Vermeidung von Gegenseitigkeit". Helfen wird als eine Form des aktiven Austausches wahrgenommen. Unterstützendes Ent-gegenkommen kann zum Ausbilden sozialer Netzwerke beitragen, von denen in nicht absehbarer Zukunft auch mit Unterstützung gerechnet werden kann. Diese Art des Helfens wird bevorzugt, da es dem Betroffenen unangenehm ist Forde-rungen zu stellen. Die Gefahr besteht darin, dass die Hilfe ausgenutzt wird, öfter in Anspruch genommen wird und als selbstverständlich gesehen wird. Menschen mit Helfersyndrom neigen dazu einseitige Beziehungen einzugehen, in denen sie gebraucht werden und weniger zu offensichtlich besseren Beziehungen. Das Verhalten der Suche nach Unentbehrlichkeit lässt sich auf den Wunsch nach Anerkennung, Bestätigung und Lob zurückführen. Das Kommunizieren der Wünsche wird als Offenbarung von Bedürftigkeit gesehen und steht im Widerspruch zu dem äußeren Image unabhängig und selbstbestimmend zu sein. Stärke und Kontrolle zu wahren sind normale menschliche Verhaltensweisen und bieten Sicherheit. Die Abhängigkeit der Stärke und die eigene Entwertung durch Zeigen von Schwäche sind prägende Grundmerkmale des Helfersyndroms. Das offene Kommunizieren von Schwächen fällt schwer, jedoch hat der Helfer für die Probleme Anderer immer ein offenes Ohr. Durch die Konfrontation mit den ruhenden, tiefen Wünschen können demütigende, unangenehme Situationen entstehen, für diese der er sich verantwortlich macht, da er für seine innere Bedürftigkeit selbst Sorge trägt.

Die fünfte Komponente ist: „Die indirekte Aggression". Durch das fehlende Widerspiegeln und das Verdrängen emotionaler Bedürfnisse aus der Kindheit und der Gegenwart kommt es zu Kränkungen und zum Ausbilden narzisstischer Wut. Die offene Kommunikation aggressionsbedingter Gedanken fällt schwer, da der Betroffene diese vermeidet und stattdessen masochistische Verarbeitungsmechanismen anwendet, um sich den moralischen Werten und Normen entsprechend zu verhalten. Diese negativen Gefühle beeinflussen den Kontakt- und Beziehungsaufbau und führen im Verlauf zu depressiven Störungen, Zwangsstörungen, Suchterkrankungen oder suizidalen und sadistischen Gedanken und Verhalten.

Schmidbauer reflektiert seine Gedanken von 1977 in „Hilflose Helfer" über das Motiv des abgelehnten Kindes kritisch. Er bleibt bei seiner Erkenntnis, dass die Primäridentifizierung anhand des elterlichen Ich und der Erziehung mit Leistungsschwerpunkt erfolgt, jedoch ist Änderung der Identifizierung im Laufe der Kindheit und Jugend zu bedenken, in dem sich Strukturen weiter ausprägen, verstärken oder zurückstellen. [9](Vgl. Schmidbauer 2007 S. 19-72)

[10](Vgl. Schmidbauer 2018 S.90-115) [11](Vgl. Schmidbauer 2017 S. 25-30)

3. Psychosoziologische Auswirkungen des Helfersyndroms

Die Person mit Helfersyndrom ist auf der einen Seite bei der Suche nach Anerkennung, Lob und Wertschätzung bestrebt das Beste zu geben und sich aufzuopfern. Auf der anderen Seite besteht der innere Konflikt mit den eigenen Einstellungen und Wünschen. Die Differenzen erzeugen im Körper Stress. Wie stark diese Reaktionen auf das Handeln einwirken, hängt davon ab, wie intensiv der Stress individuell empfunden wird. Stress ist eine lebenswichtige Reaktion des Körpers auf veränderbare, unklare Belastungen und Einflüsse. Die bestehenden Ressourcen werden den Stressoren entgegengesetzt und können dadurch einerseits bewältigt werden. Andererseits stellt sich eine Überbeanspruchung heraus, diese auf Dauer zu schwerwiegenden Erkrankungen führt. Im Laufe des 20. Jahrhunderts beschäftigten sich viele Wissenschaftler mit der Wirkung von Stress und etablierten biologische und psychologische Stressmodelle. Ein wichtiger Vertreter der biologischen Modelle ist der Mediziner Hans Selye, dieser im Jahre 1950 die Wirkung von Stress anhand der „(…) Aktivierung der sogenannten Hypothalamus- Hypophysen- Nebennierenrinden- Achse (…)" [12](Tegtmeier 2013 S.19) beschreibt. Er erforschte die Signale und die Hormonausschüttung in Ratten und gewann die Erkenntnis von zwei extremen Stressausprägungen: Eustress und Disstress. Er beschreibt die Verarbeitung von Stress in drei Phasen. In der ersten Phase wirken die Stressoren auf den Organismus und dieser versetzt sich kurzfristig in Alarmbereitschaft. In der Widerstandsphase wird durch permanentes Freisetzen vom Stresshormon Cortisol zur Energiebereitstellung und durch erhöhte Aktivität des Herz- Kreislaufs- Systems und der Skelettmuskulatur der Abbau des Reizes angeregt. Die Leistungen des Gedächtnisses und der Immunabwehr sind reduziert. Infektanfälligkeit und depressive Verstimmungen können auftreten. Die Widerstandsphase gilt als erfolgreich abgeschlossen sobald der Körper sich der normalen Widerstandlage angepasst hat. Findet die Regenerierung nicht statt, erreicht der Organismus die Erschöpfungsphase. Dieser sogenannte Dauerstress kann zu weiteren gesundheitsschädlichen somatoformen Störungen und psychosomatischen Erkrankungen, wie z.B.: Angststörungen, Suchtverhalten und Burnout führen.

3.1 Burnout

Burnout bedeutet wörtlich übersetzt „Ausbrennen" und beschreibt den seelischen Erschöpfungszustand. Das Helfersyndrom verläuft häufig durch die gesteigerte Motivation des Helfens in Richtung eines Burnouts. Der erhöhte Anspruch an das eigene Ich, die Enttäuschungen und die Überforderung können nicht auf Dauer kompensiert werden. Unklare Rollenerwartungen, sozialer und wirtschaftlicher Druck erzeugen belastenden Stress durch diese die Berufsmotivation wodurch die Attraktivität des Berufs schwindet. Die Entstehung des Burnouts lässt sich in drei Phasen einteilen [5](Menche 2011 S.209f). In der ersten Phase zeigt sich ein starkes Überengagement. Durch hohe Arbeitskraft und den Verzicht auf Freizeit und Erholung erlangt der Betroffene das Gefühl der Unentbehrlichkeit. Parallel wird er bei den Kollegen unbeliebter. In der zweiten Phase sind die Folgen der dauerhaften fehlenden Selbsthygiene erkennbar. Chronische Müdigkeit, Arbeitsunlust und zynisches Denken vermitteln das Gefühl der Ausnutzung und Ungerechtigkeit. Psychische Überlagerungen durch Hoffnungslosigkeit und Benachteiligung sowie erhöhtes Aggressionspotential beeinflussen die Persönlichkeit massiv. In der dritten Phase sinkt die Konzentrationsfähigkeit und es kommt gehäuft zu Fehlern. Eine allgemeine Gleichgültigkeit führt einerseits zur Erhöhung des Krankheitsstandes und des Suchtverhaltens. Andererseits kommt es zu körperlichen Leiden und depressiven Verstimmungen. Dadurch wird das Privatleben beeinträchtigt und der Betroffene zieht sich immer mehr zurück bis zur Vereinsamung. Eine gängige Form des Burnouts ist das kompensierte Burnout. Es beschreibt die innere Kündigung im Unternehmen und durch den „Dienst nach Vorschrift" mit verminderter Arbeitsmotivation wird den anderen Teammitgliedern mehr Arbeit bereitet. Somit lässt sich ein Teufelskreis kreieren, welcher schwerwiegende Folgen hat. [4](Vgl. Maletzki e Stegmeyer 2008 S.30)

[12](Vgl. Tegtmeier 2013 S.83.87) [13](Voderholzer et al. 2018)

3.2 Depression und soziologische Auswirkungen

Eine Depression entsteht durch ein stressbedingtes hormonelles Ungleichgewicht und fehlender Selbstregeneration des Organismus. Das gleichzeitige Interagieren von psychischen und körperlichen Symptomen kennzeichnet die Depression. Das Empfinden einer allgemeinen Traurigkeit und Niedergeschlagenheit in Kombination mit Antriebs- und Schlafstörungen sind die offensichtlichen Symptome. Das begleitende Auftreten „(…) von Selbstzweifeln, einem Gefühl der Wert- und Sinnlosigkeit, Ängsten und Unruhe, Energielosigkeit, Appetitstörungen und Gewichtsveränderungen, Konzentrationsstörungen, Schmerzen sowie Suizidgedanken (…)" [12](Tegtmeier 2013 S.112) und innere organische Beschwerden können im Verlauf das Ausmaß einer Depression in ihrer Schwere stark beeinträchtigen. Die körperlichen Symptome zeigen sich teilweise schon vor psychischen Ausprägungen, werden jedoch oft nicht als „Vorboten" erkannt, da keine organische Erkrankung vorrangig verursachend vom Betroffenen angegeben werden kann. Die ehrgeizigen, aufopfernden, erfolgs- und anerkennungsbedürftigen Menschen, vor allem Männer, akzeptieren die Depression als psychische Störung mit Widerwillen und nehmen sie als Schwäche auf. [12](Tegtmeier 2013 S. 119-124)

Die Vielzahl an psychischen und physischen Auswirkungen stützt die hohen Fehltagezeiten von helfenden Berufen. Pflegefachkräfte weisen im Vergleich zu durchschnittlichen Beschäftigten 87% mehr Fehltage auf durch psychische Erkrankungen und 83% mehr Fehltage durch Muskelskeletterkrankungen. Der Unterschied in den Geschlechtern weist darauf hin, dass mehr Männer von psychischen Erkrankungen und Frauen mehr von Muskelskeletterkrankungen betroffen sind. Die schwere, körperliche Arbeit von Pflegekräften auf Station und von den Therapeuten verteilt sich überwiegend auf das weibliche Geschlecht und die verantwortungsvollen, stressreichen Arzttätigkeiten verteilen sich überwiegend auf das männliche Geschlecht. Der generelle Fachkräftemangel bleibt unter diesen Umständen nicht aus und wird verstärkt. [18](Zehnder 07/2019)

3.3 Suchterkrankungen

Aufgrund des hohem Stresslevels und dem inneren Wünsch nach Anerkennung und Lob neigen Personen mit Helfersyndrom zum Ausbilden von Suchterkrankungen. Man unterscheidet dabei unter nicht- stoffgebundenen Abhängigkeiten und stoffgebundenen Abhängigkeiten. Zu den nicht- stoffgebundenen Abhängigkeiten zählen beispielsweise die Essstörungen, die Spielsucht und das Workaholic- Verhalten. Eine Person wird als Workaholic bezeichnet, wenn der große Anteil des Alltags dem Arbeiten und dem Schlaf gilt, wobei der Schlaf reduziert ist und sich häufig Insomnien aufzeigen. Durch die Schichtarbeit im Krankenhaus gewöhnt sich der Körper nicht an einen regelmäßigen Schlafrhythmus. Innerhalb des Bereitschaftsdienstes von Ärzten und Pflegekräften kann kein erholsamer Schlaf erfolgen. Essstörungen wie Bulimie oder Adipositas entstehen durch unregelmäßiges, gestörtes Essverhalten. In den helfenden Berufen ist der Verzehr von vollwertigem, nährstoffreichen Mahlzeiten zu festen Uhrzeiten, aufgrund zeitlichen Drucks und Überschneidung von strukturellen Tätigkeiten wie Untersuchungen, Notfällen, Visiten, Besprechungen und Operationen, nicht generell gewährleistet. Die psychische Belastung spielt dabei auch eine große Rolle, da der innere Druck der Verantwortung und die äußeren, stresserzeugenden Bedingungen die Entstehung der Essstörung beeinflussen. Die Sucht nach dem Glücksspiel erzeugt im Gehirn die gleiche Reaktion wie der Konsum von Genussmitteln. Es kommt zur Ausschüttung des Nervenbotenstoffes Dopamin, welcher im Belohnungssystem wirkt und die Emotion des Glücks hervorruft. Stoffgebundene Abhängigkeiten entstehen durch den Konsum von Genussmitteln bzw. Rauschmitteln (Drogen). Das Bewusstsein wird durch die Einnahme von Drogen beeinflusst. Es kommt zur Bewusstseinsaktivierung, Bewusstseinsverengung oder Bewusstseinsveränderung, je nachdem welche Droge in welcher Menge konsumiert wird. Die am meisten auftretenden Abhängigkeiten innerhalb helfender Berufe sind Nikotin-, Koffein-, Alkohol- und Arzneimittelabhängigkeit. Die einfache Zugänglichkeit für Ärzte und Pflegekräfte zu Arzneimitteln und Betäubungsmitteln erhöht die Gefahr des Missbrauchs. Der Konsum von synthetischen Drogen, Cannabis und Betäubungsmitteln stellt unter den helfenden

Berufen die Minderheit dar. Einerseits erhöht sich der Anreiz zur Suchtgefahr durch den Ausbau von sozialen Netzwerken und das Gönnen einer Auszeit von Station. Andererseits erhöht sich parallel bei schwerwiegenden Suchterkrankungen die Suizidrate. Die im Beruf vorkommenden Extremsituationen können zu Belastungsstörungen führen. Durch die langfristige Überbelastung kommt es dabei zum Ausbilden von somatoformen Störungen, wie z.B.: Herz- Kreislauf- Problemen, Verdauungsproblemen, Geschwüre, unklare Schmerzzustände, Atemnot und Angstzuständen. Die generelle Angst des Helfersyndroms vor dem Versagen und vor Enttäuschungen wird dadurch gefördert und Panikattacken werden begünstigt. [5](Vgl. Menche 2011 S.1289-1295)

4. Präventionsmöglichkeiten im stationären Klinikalltag helfender Berufe

Aufgrund der steigenden wirtschaftlichen, personellen, zeitlichen und psychischen Belastungen ist es wichtig sich mit dem eigenen Zeit-, Selbst- und Stressmanagement auseinander zu setzen. Inwieweit der Betroffene selbst an sich arbeiten kann und womit das Klinikum positiv darauf Einfluss halten kann wird im Folgenden näher betrachtet.

4.1 Stressmanagement

Gemäß dem transaktionalen Stressmodell von Richard Lazarus, ein Vertreter der psychischen Stressmodelle, hängt das Empfinden von Stress von der individuellen Bewertung der Situation ab. In der *Primären Bewertung* wird der Stress eingeschätzt als positiv, neutral oder negativ. Das positive und neutrale Bewerten löst keine Intervention aus, da die bestehenden Ressourcen zur Bewältigung bereitgestellt werden. Da jeder Mensch unterschiedlich viele und andere Ressourcen besitzt, ist diese Bewertung von Person zu Person unterschiedlich. Bei negativer Bewertung wird die Situation charakterisiert. In der *sekundären Bewertung* werden die Ressourcen zur Bewältigung genutzt, wobei ein Mangel an Ressourcen Stress auslöst. Zu einem späteren Zeitpunkt wird die *tertiäre Bewertung* vollzogen, in der die Situation erneut reflektiert wird und Bewältigungsstrategien ausgereift werden [12](Vgl. Tegtmeier 2013 S.22f). Verschiedene Unterformen des Stressmanagement setzen an unterschiedlichen Punkten bei der Entstehung und beim Erleben von Stress an. Als erstes wird das mentale Stressmanagement thematisiert, welches sich mit den „(...) persönlichen und verstärkenden Einstellungen (...)" zu Stress auseinandersetzt und in der primären Bewertung ansetzt [12](Tegtmeier 2013 S. 22). Inwieweit sich eine Person Gedanken macht über eine Stresssituation hängt davon ab, welche Fähigkeiten, Fertigkeiten und bisheriger Bewältigungsformen genutzt worden. Manche Gegebenheiten erzeugen Ärger und Unzufriedenheit, wie z.B. der dauerhafte Personalmangel der helfenden Berufe oder die Mehrarbeit durch Sparmaßnahmen. Das mentale Stressmanagement weist darauf hin, dass es hilfreicher ist die Realität zu akzeptieren und so hinzunehmen wie sie ist.

Reflexion der Gedanken kann den Helfer zum Umdenken bewegen und die Toleranz und Kompetenz stärken. Neue Perspektiven werden eröffnet und die Einstellungen, diese durch das Helfersyndrom vorhanden sind, können den neuen Kompetenzen angepasst werden. Bedrohende oder überlastende Situationen kristallisieren sich auf lange Sicht als Herausforderungen mit niedrigen Stressniveau heraus [12](Vgl. Tegtmeier 2013 S.53ff). Bezugnehmend auf die sekundäre Bewertung kommt das instrumentelle Stressmanagement verstärkt zum Einsatz. Durch die Verbesserung des Selbstmanagements kann zusätzlicher Stress vermieden werden. Soziale Beziehungen dienen auch der Stressreduktion. Durch den kommunikativen Austausch, körperliche und seelische Nähe und die Integration in soziale Netzwerke kommt es zur Stärkung des Wohlbefindens. Interessen und Wünsche können zum Herausbilden von Gemeinsamkeiten und Gelegenheiten der Verwirklichung führen, wodurch das Wohlergehen zusätzlich verbessert wird. Soziale und kommunikative Kompetenzen können durch regelmäßige, konstruktive Teambesprechungen, ggf. interdisziplinäre Teambesprechungen, Schulungen über wertschätzende Kommunikation und Gesprächsführung sowie durch Bilden von Interessengruppen ausgebaut werden. Das Interesse am lebenslangen Lernen zum Verfeinern der Sach- und Fachkompetenz spielt dabei für den Helfer und für das Unternehmen eine große Rolle, da beide Parteien einen Nutzen davon haben. Das regenerative Stressmanagement zielt auf eine angenehme Work-Life- Balance hin. Durch gesunde Ernährung, gesunde Schlafhygiene, sportlicher Aktivität und das Ausüben von Hobbies entspannt der Körper und regeneriert sich. Das Einlegen regelmäßiger Pausen und das Wahrnehmen des gesetzlich geregelten Urlaubs unterstützt die Erhaltung der Leistungseffizienz und der Widerstandskraft [12](Tegtmeier 2013 S.50-62)

4.2 Resilienz

Resilienz beschreibt die innere Widerstandskraft eines Menschen, mit deren Hilfe schwierige und kritische Situationen im Leben ohne dauerhafte Beeinträchtigung gemeistert werden. Sie verfolgt den salutogenetischen Grundgedanken: „Was hält uns gesund" und setzt dabei auf Stressabbau und offene Herangehensweisen an neue Veränderungen [2](Horn e Seth 2013 S.32). Es müssen drei Vorrausetzungen zur Entwicklung der Resilienz vereinbart werden: die Selbstwahrnehmung, die Selbstreflexion und die Integration. Die Selbstwahrnehmung erfordert das Wahrnehmen des eigenen Standpunktes in der Arbeitsumgebung. Durch Selbstbeobachtung findet eine Differenzierung des bedachten Verhaltens statt und erzeugt dadurch mehr Selbstsicherheit. Reflexion fordert das Überdenken von Handlungen und Denkweisen. Das eigene Erschließen und der offene Umgang mit konstruktiver Kritik sind als Erkenntnisgewinne anzunehmen. Bei der Integration wird das wahrgenommene Selbstbild durch die reflektierten Erkenntnisse ergänzt und im Verlauf in alltäglichen Handlungen gefestigt [2](Horn e Seth 2013 S.15). Das Interesse an der Erhaltung der Motivation und der Freude am Arbeiten lässt sich durch Resilienz fördern. Frau Monika Gruhl und Hugo Körbächer entwickelten das Resilienzmodell und beschreiben drei Grundhaltungen: Optimismus, Akzeptanz und Lösungsorientierung. Diese bilden den Kern und sollen in die Persönlichkeitsstruktur integriert werden. Die optimistische Grundhaltung weist auf positive Einstellungen zu gegenwärtigen und anstehenden Situationen hin. Veränderungen werden als Möglichkeiten gesehen, durch die der Kompetenzausbau, der Erfahrungsaustausch, die Umweltgestaltung und die Zukunft neu und ggf. besser gestaltet werden kann. Optimisten können auch aus jeder Interaktion mit anderen Menschen etwas Positives abgewinnen und sind dadurch emotional und psychisch stabiler aufgestellt [2](Vgl. Horn e Seth 2013 S. 39-44). Durch die akzeptierende Grundhaltung lässt man sich auf die Situationen und andere Personen ein und nimmt sie so hin, wie sie bestehen. Viele Gegebenheiten und Regelungen, z.B.: politische Abhandlungen, Personalmangel und unternehmensinterne Entscheidungen und Standards, sind für den Ausführenden im System unschlüssig, unpraktisch und mit mehr Arbeits- und Zeitaufwand verbunden. Da sich diese Bedingungen zeitnah aber nicht ändern werden und eine Beeinflussung schwer herbeizuführen ist, sollten sie für den „inneren Frieden" akzeptiert werden [2](Vgl. Horn e Seth 2013 S. 47ff). Das dabei frei werdende Potential kann dann zum Absolvieren der Gegebenheiten und zum offenen Beurteilen neuer Wege und Lösungen genutzt werden (dritte Grundhaltungen: Lösungsorientierung).die zuversichtliche Zukunftsorientierung erleichtert es in anfallenden Stresssituation nicht die Kontrolle zu verlieren, sich strukturiert dem Problem und der möglichen Lösung zu widmen und dabei sinnvolle Prioritäten zu setzen [2](Vgl. Horn e Seth 2013 S. 51-60). Die vier Handlungsaspekte Selbstregulation, Selbstverantwortung, Netzwerkorientierung und die Zukunftsgestaltung werden je nach Situation zur Hilfe genommen [2](Horn e Seth 2013 S. 33f)

4.3 Klinische Prävention

Eine gezielte Prävention zur Sicherung der Arbeitsfähigkeit macht einen wesentlichen Faktor der Unternehmensorganisation aus. Eine wertschätzende Kommunikation im Klinikum und das ernsthafte Verfolgen von angegebenen Problematiken, die von den Mitarbeitern angebracht werden, festigt ein gutes Arbeitsklima und erhöht die Mitarbeiterzufriedenheit. Durch Mitarbeiterbefragungen zum Thema Zufriedenheit sowie Stress- und Burnoutgefahr wird das Betriebsinteresse am Mitarbeiter verdeutlicht und Prävention durch Information über die erhöhten Erkrankungspotentiale geleistet. Dio Orientierung an hausinternen Standards, Verfahrensanweisungen, Leitlinien, Stations- und Einarbeitungskonzepten und Skalen bieten den Helfer einen Anhaltspunkt für Struktur und Priorisierung und wirken der Stressentstehung entgegen. Das Bereitstellen von passender Arbeitskleidung und von spezifischer Ausstattung verbessern die Arbeitsbedingungen. Bei Verwenden von neuen EDV- Programmen sollte auf zeitnahe Unterweisung geachtet werden. Das Angebot von Weiterbildungs- und Qualifikationsmöglichkeiten, mit finanzieller Beteiligung durch das Klinikum oder ggf. das Zusprechen von Bildungsurlaub, gibt dem Beschäftigen Anreize sich fortzubilden. Vorträge über gesunde Ernährung und das Anbieten sportliche Aktivitäten in der Freizeit sollten Bestandteil der betrieblichen Gesundheitsförderung sein.

4.4 Supervision und Psychotherapie

Eine weitere Präventionsmöglichkeit ist das Bilden von kollegialen Gruppen. Durch das freie Ansprechen von offenen Fragen in Gesprächen oder in Form eines Qualitätszirkels kann aus den Erfahrungen der anderen Teammitglieder geschöpft werden [8](Schmidbauer 2002 S.95). Bleiben die offenen Fragen bestehen, ist es möglich sich professionelle Hilfe durch Teamsupervisionen, Balintgruppen, Einzelsupervisionen, Gruppenpsychotherapie oder Einzelpsychotherapie zu holen. Vor Beginn der Therapien muss abgeklärt werden, wer die Kosten dafür trägt (Krankenkassen, Arbeitgeber, Beschäftigte/r). Supervisoren sind in einem Dachverband oder im Bund deutscher Psychologen gelistet und werden engagiert um in Einzel- oder Teamgesprächen als unparteiische Gesprächspartner zu helfen. Jeder Supervisor wird durch eine eigene Feldkompetenz geprägt, diese sich aus dem zuvor tätigen, sozialen Beruf herleitet. Eine Teamsupervision zielt darauf hinaus, durch die Bearbeitung von Fallvorstellungen und interdisziplinären Problemstellungen, die Kompetenzen als Einzelperson und im Team zu steigern. Innerhalb der gemeinsamen Interaktion soll eine angenehme Vertrauensbasis vorhanden sein und die in der Kommunikation entstanden Unklarheiten genau aufgeschlüsselt werden. Balintgruppen bilden sich aus beruflich nicht miteinander arbeitenden Personen, von denen nach und nach Jeder einen Fall schildert, von dem Derjenige betroffen ist. Nach der Fallschilderung geben die anderen Gruppenmitglieder ihre Empfindungen und Gedanken zu dem Fall wieder und der Betroffene erhält somit Denkanstöße, mit deren Hilfe er die Situation neu bewerten kann. Einzelsupervisionen kommen zum Einsatz, wenn die professionelle Haltung der Persönlichkeitsstruktur weiterentwickelt werden soll, jedoch Derjenige nicht weiß, wie er genug Engagement und Motivation aufbringen kann. Der Supervisor hört, als vertraute Person, die Krisen des Betroffenen an und stellt gezielt geäußerte Denkweisen und das Verhalten in Frage um zum Nachdenken anzuregen. Da sich keine Person gerne in Frage stellen lässt, sollte über die Kommunikationsweise der Fragen als Denkanstöße zu Beginn des Gesprächsverlaufes Klarheit geschaffen werden.

Bestehen weiterhin Probleme nach der kollegialen Gruppe und den Supervisionen wird eine Gruppenpsychotherapie oder Einzelpsychotherapie empfohlen. Das Einbeziehen von Familie, Freunden und Bekannten aus dem sozialen Umfeld und eine enge, vertrauende Patient- Therapeut- Beziehung beeinflusst die Therapie positiv. Die Angst vor berufliche Auswirkungen und die fehlende Selbstüberzeugung der Notwendigkeit der Therapie stellen dabei hemmende Faktoren da [8](Schmidbauer 2002 S.114-130). Ist der Betroffene bestrebt an den seelischen Einschränkungen zu arbeiten, werden durch Verhaltenstherapie und tiefenpsychologische Therapie die eigenen Ressourcen bestärkt. Ungünstige Verhaltens- und Bewertungsmuster sollen durch Stressentlastung, Erholung und durch Reflexion der Gedanken und Empfindungen abgebaut und umstrukturiert werden [12](Tegtmeier 2013 S.105f).

5. Schlussfolgerung

Die Grundmerkmale des Helfersyndroms sind sehr tief verwurzelt. Diese Wurzeln können jedoch durch professionelle Hilfe erschlossen, reflektiert und therapiert werden. Körperliche Aktivitäten und eine abwechslungsreiche Freizeitgestaltung können helfen den Stress abzubauen. Es ist wichtig angemessen mit Stress umzugehen und sich bewusst zu werden, dass die erwartete Dankbarkeit und Anerkennung nicht als selbstverständlich gesehen werden kann. Das Erlernen des freien Äußerns von Wünschen und Bedürfnissen im Laufe der Therapie und das Akzeptieren der Stärken und Schwächen schafft eine innere Zufriedenheit. Die Person wird eine positivere Grundeinstellung einnehmen und toleranter gegen Stress sein und das Selbstbewusstsein stärken. Durch eine klar gesetzte Berufsrolle wird selbstbewusstes, professionelles Arbeiten möglich.

Durch die Anpassung der Arbeitsbedingungen mit Hinblick auf den Verlauf des demografischen Wandels sollte positiv der langfristigen Aufrechterhaltung der Gesundheit und der Arbeitsfähigkeit vorausgeplant werden. Das Heranziehen ressourcenorientierter Innovationen und kreativer Ideen kann gewinnsteigernd und erfolgsversprechend zur Minimierung von Unternehmens- und Personalkrisen beitragen. Eine stabile Leitungs- und Verwaltungsebene gewährleistet eine organisierte Personalführung und -entwicklung.

6. Literaturverzeichnis

Primärliteratur:

1   Fischer, Peter; Asal, Kathrin; Krueger, Joachim I.: Sozialpsychologie für Bachelor. Lesen, Hören, Lernen im Web, Springer Medizin, Berlin, Heidelberg; 2014

2   Horn, Sabine; Seth, Martina: Stressfrei, gerne und erfolgreich arbeiten. Resilienz im Beruf, Kreuz Verlag, Freiburg im Breisgau, 2013

3   Maderthaner, Rainer: Psychologie, facultas UTB basics, Wien, 2. Auflage, 2017

4   Maletzki, Walter; Stegmeyer, Angelika et al: Klinikleitfaden Pflege, Urban & Fischer, München, 6., Auflage, 2008

5   Menche, Nicole et al: Pflege heute. Lehrbuch für Pflegeberufe, Urban & Fischer, München, 5.vollständig überarbeitete. Auflage, 2011

6   Bach, Martina et al.: Pschyrembel- Klinisches Wörterbuch, in: Walter de Gruyter GmbH & Co. KG Verlag, Berlin, 260. Auflage, Juni 2004 (begründet 1894 von Otto Dornblüth)

7   Pohl, Monika A.: Selbstfürsorge 4.0. Wer gut für sich selbst sorgt, kann sein Bestes geben, GABAL Verlag, Offenbach, 1. Auflage, 2018

8   Schmidbauer, Wolfgang: Helfersyndrom und Burnout-Gefahr, Urban & Fischer, München, 1. Auflage, 2002

9   Schmidbauer, Wolfgang: Das Helfersyndrom. Hilfe für Helfer, Rowohlt Taschenbuch Verlag, Reinbek bei Hamburg, 1. Auflage, 2007

10   Schmidbauer, Wolfgang: Wenn Helfer Fehler machen. Liebe, Mißbrauch und Narzißmus, Rowohlt Taschenbuch Verlag, Reinbek bei Hamburg, 1. Auflage, 2017

11   Schmidbauer, Wolfgang: Hilflose Helfer. Über die seelische Problematik der helfenden Berufe, Rowohlt Taschenbuch Verlag, Reinbek bei Hamburg, Überarbeitete und erweiterte Neuausgabe 21. Auflage, 2018

12   Tegtmeier, Catri; Tegtmeier, Michael A.: Wie Stress im Beruf krank macht und wie Sie sich schützen, Walhalla und Praetoria, Regensburg, 1. Auflage, 2013

13   Voderholzer, Ulrich; Hiller, Gabriele; Hillert, Andreas: Burnout und Depression. Das Hilfebuch in der Lebenskrise, TRIAS, Stuttgart, 1. Auflage, 2018

14   Waadt, Michael; Acker, Jens: Das Selbsthilfebuch gegen Burnout. Mit Akzeptanz und Achtsamkeit den Teufelskreis durchbrechen, Hogrefe, Bern, 2. Aktualisierte Auflage, 2018

Sekundärliteratur:

15   Statistisches Bundesamt: Bevölkerung im Wandel - Annahmen und Ergebnisse der 14. koordinierten Bevölkerungsvorausberechnung, Juni 2019, PDF-Datei, S.53: https://www.destatis.de/DE/Presse/Pressekonferenzen/2019/Bevoelkerung/pressebroschuere-bevoelkerung.pdf?__blob=publicationFile&v=3 (abgerufen am 01.07. 2019)

16   Statistisches Bundesamt: Entwicklung der Lebenserwartung bei Geburt in Deutschland nach Geschlecht in den Jahren von 1950 bis 2060, vdek - Basisdaten des Gesundheitswesen 2018/2019, April 2019, S. 7: https://de.statista.com/statistik/daten/studie/273406/umfrage/entwicklung-der-lebenserwartung-bei-geburt--in-deutschland-nach-geschlecht/ (abgerufen 01.07.2019)

17   ZEIT ONLINE, dpa, KNA, kg: Altenheime und Kliniken melden über 36.000 unbesetzte Stellen, 25. April 2018, 11:13 Uhr: https://www.zeit.de/wirtschaft/2018-04/pflege-kranke-altenheime-kliniken-notstand-bundesregierung (abgerufen am 02.07.2019)

18   Zehnder, Adalbert: Antidepressiva unter Pflegekräften extrem verbreitet, TK-Gesundheitsreport 2019, 01.07.2019: https://www.pflegen-online.de/antidepressiva-unter-pflegekraeften-extrem-verbreitet (abgerufen 03.07.2019)

19   Robert Koch-Institut: Häufigste psychische Erkrankungen in Deutschland nach Geschlecht im Jahr 2011, Focus Nr. 25/2012, 18. Juni 2012, Seite 54: https://de.statista.com/statistik/daten/studie/234025/umfrage/haeufigste-psychisch-erkrankungen-in-deutschland-nach-geschlecht/ (abgerufen 01.07.2019)